**Syrffio ar eira - eirfyrddio -
yw'r gamp ddiweddaraf a'r fwyaf cyffrous
ar y mynyddoedd heddiw.**

Dechreuodd eirfyrddio 'nôl yn y 1960au. Roedd syrffwyr o
California eisiau profi eu sgiliau ar yr eira.

Erbyn hyn mae tri math o fyrddio –

⬭ **rhyddreidio**
⬭ **y dull rhydd**
⬭ **rasio**

Mae eirfyrddio yn hawdd i'w ddysgu ac yn hwyl i'w wneud.
Does a wnelo fe ddim â ffasiwn. Mae e yma i aros.
Mwynhewch eich hunain, reidiwch yn ddiogel a ...

**byddwch
yn rhydd**

rhyddreidio

Mae rhyddreidio'n golygu defnyddio'r mynydd cyfan fel man chwarae. Reidiwch trwy'r coed, dros glogwyni... beth bynnag sydd ar eich llwybr.

y dull rhydd

Gwneud triciau a styntiau –
dyna yw'r dull rhydd. Mae'n
debyg i sglefrfyrddio, ar
rampiau a hanner-pibellau
ar y mynyddoedd.

PRIF LUN GAN A FOUR

Hanner-pibell

Ramp gwneud yw hanner-pibell sydd â'r un siap â'r llythyren 'U'. Mae eirfyrddwyr yn reidio i fyny ochrau'r hanner-pibell, gan neidio allan a gwneud triciau.

rasio

Rasio yw'r peth tebycaf i sgïo ar fwrdd. Mae'r byrddwyr yn ceisio mynd i lawr y llethr mor gyflym â phosib. Mae dau fath o rasio –

'Slalom'

Mae dau fyrddiwr yn rasio yn erbyn ei gilydd. Mae gan bob un ei gwrs ei hun. Mae'r ddau gwrs nesaf at ei gilydd.

'Slalom' Mawr (Giant slalom)

Ras yn erbyn y cloc yw hon. Mae troadau'r byrddwyr yn fwy ac yn gyflymach nag wrth rasio 'slalom'.

y bwrdd cywir

Mae dod o hyd i'r bwrdd cywir yn holl bwysig. Mae amrywiaeth o fyrddau ar gael, felly gall fod yn anodd dewis un. Bydd eich dewis yn dibynnu ar eich maint a'ch taldra a'r math o eirfyrddio rydych chi am ei wneud. Bydd siop eirfyrddio dda yn eich helpu i ddewis yr un sy'n addas ar gyfer eich holl anghenion.

LLUNIAU'R BYRDDAU GAN BURTON

y dull rhydd

Mae'r byrddau hyn yn lletach ac yn fwy hyblyg na byrddau eraill. Mae trwyn (blaen) a chynffon (cefn) y bwrdd yr un siâp - er mwyn eu reidio'n 'fakie' (tuag yn ôl) yr un mor rhwydd â thuag ymlaen.

rhyddreidio

Mae'r rhain yn gulach ac yn llai hyblyg na byrddau'r dull rhydd. Mae eu trwynau'n hirach ac yn codi tua'r blaen er mwyn eu reidio'n rhwydd trwy eira mân, ffres.

rasio

Byrddau rasio yw'r culaf a'r lleiaf hyblyg o'r byrddau i gyd. Mae cynffon wastad ganddyn nhw gan eu bod wedi'u llunio i symud tuag ymlaen yn unig.

trwyn

cynffon

11

esgidiau

a rhwymynnau

Mae rhwymynnau yn eich bachu chi a'ch esgidiau wrth y bwrdd. Unwaith eto mae gwahanol fathau ar gyfer y dulliau gwahanol o eirfyrddio.

Pan fyddwch chi wedi eich bachu wrth y bwrdd, yr ochr sy nesaf at fysedd eich traed yw 'ymyl ochr blaen troed' y bwrdd. Yr ochr sy nesaf at eich sawdl yw 'ymyl ochr y sawdl'.

rhwymynnau

esgidiau

ymyl ochr
blaen troed

ymyl ochr
y sawdl

y dull rhydd/rhyddreidio

Mae'r esgidiau yma yn feddal gyda chareiau ar y blaen. Mae esgidiau rhyddreidio yn cynnig ychydig mwy o gynhaliaeth na'r rhai dull rhydd. Plastig yw'r rhwymynnau, gyda dau neu dri o glipiau i ddal yr esgidiau.

rasio

Mae cragen blastig galed gan yr esgidiau hyn. Mae'r rhwymynnau hefyd yn galed ac yn bachu ar flaen a sawdl yr esgid.

'step-ins'

Mae'r rhain yn caniatáu i chi 'gamu i mewn' a 'chamu allan' o'ch bwrdd heb fod angen clipiau.

13

LLUNIAU'R OFFER GAN BURTON/A FOUR

dillad

eirfyrddio

Dylai'r dillad rydych chi'n eu gwisgo eich cadw'n gynnes ac yn sych ar y mynydd. Mae gan ddillad eirfyrddio steil arbennig. Maen nhw'n llac yr olwg, yn debyg i ddillad sglefrfyrddio a syrffio.

Trowsusau a siacedi

Dylai trowsusau a siacedi fod yn gryf ac yn ddiddos. Dylen nhw fod yn llac i chi allu symud yn rhwydd. Yn aml rhoddir padin ychwanegol ym mhen ôl a phengliniau'r trowsus i'ch gwarchod rhag cleisio.

Menig

Dylai fod cyffen uchel gan eich menig i gadw eira allan. Hefyd mae angen iddyn nhw fod â phadin ychwanegol o gwmpas y bysedd.

Hetiau

Bydd het wlân yn help i gadw'r gwres yn eich corff.

Sbectol a gogls

Bydd gogls yn rhwystro eira rhag hedfan i mewn i'ch llygaid. Bydd sbectol a gogls yn amddiffyn eich llygaid rhag yr haul. Hefyd, dylech chi wisgo eli atal haul ar eich wyneb.

Dillad isa

Mae dillad isa thermol a siwmperi fflîs yn wych ar gyfer cadw'n gynnes. Gwisgwch sawl haen o ddillad er mwyn cadw'ch gwres i mewn.

ble i ddechrau

Hyd yn oed os nad ydych chi'n byw mewn ardal sy'n cael eira, gallwch fwynhau gwefr byrddio. Mae llawer o lethrau sgïo sych lle gallwch ddysgu'r sgiliau i gyd. Hefyd, mae gwyliau arbennig ar gyfer byrddwyr, lle gallwch logi'r holl offer.

Dros yr ychydig dudalennau nesaf byddwn yn rhoi awgrymiadau i chi am rai o'r symudiadau sylfaenol mae angen i bob reidiwr fod yn gyfarwydd â nhw. Ond dylai pawb gael gwersi go-iawn gan hyfforddwr hefyd. Dyma'r ffordd orau i ddysgu. Byddan nhw hefyd yn eich dysgu sut i reidio'n ddiogel ar y mynyddoedd.

LLUN UCHOD AR Y DDE GAN A FOUR

pethau

sylfaenol iawn

Uchod: *Byrddiwr 'regular' â'i droed flaen wedi'i bachu wrth y bwrdd.*

'Regular' neu 'goofy'?

Penderfynwch os ydych chi am sefyll â'ch troed chwith tua'r blaen (regular) neu â'ch troed dde tua'r blaen (goofy). Teimlwch þa un sydd fwyaf cyffyrddus.

osgo sylfaenol

Ceisiwch ymarfer sut i sefyll ar fwrdd (osgo). Rhowch y bwrdd ar dir gwastad fel na fydd e'n symud. Bachwch eich dwy droed. Ymlaciwch. Plygwch eich coesau ychydig. Gadewch i'ch cluniau a rhan uchaf eich corff wynebu'r un ffordd â'ch troed flaen. Estynnwch eich breichiau ryw ychydig i'ch helpu i gydbwyso. Rhannwch eich pwysau yn gyfartal rhwng eich dwy droed.

symudiadau
ochr y sawdl (heelside)

Ystyr symudiad ochr y sawdl yw unrhyw symudiad lle rydych chi'n defnyddio ymyl ochr sawdl eich bwrdd. I wneud hyn, pwyswch 'nôl ar eich sodlau. Plygwch eich coesau ychydig. Bydd ymyl ochr sawdl eich bwrdd yn cydio yn y llethr. Bydd hyn yn eich helpu i reoli'ch cyflymdra.

symudiadau
ochr blaen troed (toeside)

Yn lle pwyso ar eich sodlau, plygwch eich coesau a phwyso ymlaen at fysedd eich traed. Y tro hwn bydd ymyl ochr blaen troed y bwrdd yn cydio yn y llethr. Rhaid i chi ymarfer pob symudiad ar ymyl ochr sawdl ac ymyl ochr blaen troed eich bwrdd.

troi

tuag at y bryn

**Dyma'ch cynnig cyntaf ar droi.
Bwa syml ar draws y llethr yw hwn.**

Dechreuwch yn yr osgo sylfaenol.
Rhowch fwy o bwysau ar eich troed
flaen.

1 Pwyntiwch drwyn y bwrdd i
lawr y llethr. Byddwch chi'n
dechrau symud ymlaen.

2 Llywiwch y bwrdd ar draws y
llethr trwy droi hanner uchaf
eich corff. Pwyswch ar fysedd
eich traed.

Gallwch stopio trwy lithro'r
bwrdd ar draws y llethr.

1

2

Troi tuag at y bryn ar ochr blaen y troed yw hwn. Er mwyn troi'r ffordd arall, gwnewch y symudiad ar ymyl ochr y sawdl.

y troad cyflawn

Er mwyn teithio bob cam i lawr y llethr, bydd angen i chi allu cydio'r naill droad wrth y llall.

1 *Cadwch ran uchaf eich corff i wynebu i'r un cyfeiriad â'ch coes flaen. Cadwch eich pwysau ar eich coes flaen.*

2 *Daliwch eich corff yn llac ac ymlaciwch. Estynnwch eich breichiau i'ch helpu i gydbwyso. Plygwch eich coesau.*

3 Sythwch eich coesau ychydig. Trowch hanner uchaf eich corff i'r cyfeiriad rydych chi am fynd iddo.

4 Plygwch ymlaen ar flaenau'ch traed wrth i chi fynd ar draws y bryn. Byddwch yn barod i droi i'r cyfeiriad arall.

5 Sythwch a throi.

6 Pwyswch 'nôl ar eich sodlau. Daliwch ati nes i chi syrthio.

Trowch y dudalen i gael gwybod am 'ollie grabs'.

yr 'ollie'

1

2

Unwaith y byddwch chi wedi meistroli'r pethau sylfaenol, byddwch chi eisiau symud ymlaen i geisio gwneud ychydig o driciau. Naid syml yw'r 'ollie'. Gallwch ei defnyddio ar dir gwastad neu i'ch helpu i fynd yn uwch wrth neidio oddi ar ramp.

1. Pwyswch 'nôl ar gynffon eich bwrdd.
   Codwch eich troed flaen.
   Gwthiwch i fyny oddi ar y ddaear â'ch troed ôl.
2. Unwaith rydych chi yn yr awyr, tynnwch eich traed i fyny oddi tanoch.
   Ceisiwch gadw'r bwrdd yn wastad.
3. Glaniwch gan roi'ch pwysau dros ganol y bwrdd.
4. Bydd plygu'ch coesau yn eich helpu i lanio'n esmwyth.

25

triciau

cydio

'Indie'

Ar ôl yr 'ollie' mae llawer o driciau eraill i'w dysgu. Gyda llawer ohonyn nhw rhaid i chi gydio yn narn o'r bwrdd wrth neidio. Gelwir y rhain yn 'ollie grabs'.

Dydyn ni ddim yn gallu dangos þob un yma, ond dyma rai o'r symlaf.

'Tail grab'

'Method'

'Mute'

'Mute'
Cydiwch yn ymyl ochr blaen troed eich bwrdd â'ch llaw flaen.

'Tail grab'
Estynnwch 'nôl a chydiwch yng nghynffon eich bwrdd.

'Indie'
Defnyddiwch eich llaw ôl i gydio yn ymyl ochr blaen troed eich bwrdd.

'Method'
Cydiwch yn ymyl ochr sawdl eich bwrdd â'ch llaw flaen.

reidio

eira mân

Un o'r profiadau gorau a gewch wrth eirfyrddio yw reidio trwy eira mân ffres. Mae hefyd yn rhwydd i'w ddysgu.

Dechreuwch mewn eira sydd ddim yn rhy ddwfn. Mae tua 12 i 15 centimetr yn ddigon i gael blas ar y teimlad. Gwnewch droadau llyfn yn ôl yr arfer. Pwyswch 'nôl ychydig ar gynffon eich bwrdd i rwystro'r trwyn rhag suddo. Bydd hyn yn rhwyddach os gosodwch chi'r rhwymynnau ychydig gentimetrau'n nes at y gynffon.

eirfyrddio

eithafol

Eirfyrddio eithafol yw rhyddreidio trwy rannau mwyaf peryglus y mynydd.

I arbenigwyr yn unig.

pethau ychwanegol

Er bod gwreiddiau'r gweithgareddau a ddisgrifir yn y gyfres hon yn Unol Daleithiau America, tyfodd pob un yn weithgaredd rhyngwladol. Yn yr un modd, tyfodd yr iaith a'r termau sy'n gysylltiedig â hwy yn rhai rhyngwladol hefyd. Cyfieithwyd termau lle barnwyd ei bod hi'n rhesymol gwneud hynny - lle bo modd cyfleu ystyr dechnegol a naws y gwreiddiol yn llwyddiannus yn y Gymraeg.
Mae termau technegol eraill, fodd bynnag, sydd bellach wedi hen ennill eu plwyf yn rhyngwladol, sydd yn rhan o liw a diwylliant y gweithgareddau hyn ac nad yw hi'n rhesymol bosibl eu cyfieithu. Tynnir sylw at y termau hyn trwy ddefnyddio dyfynodau sengl.

Rhybudd cyfrifoldeb

Cymerwyd pob gofal wrth baratoi'r llyfr hwn o ran y gweithgareddau a ddisgrifir. Ni all y cyhoeddwyr, CBAC nac ACCAC dderbyn cyfrifoldeb am unrhyw niwed neu golled a geir.

Awdur: Becci Malthouse (hyfforddwraig erfyrddio wedi'i chymeradwyo gan Gymdeithas Eirfyrddio Prydain)

Lluniau: Sang Tan (oni nodir yn wahanol)

Dylunydd: Andy Stagg

Addasiad Cymraeg gan Mair Loader

© Argraffiad Saesneg, Franklin Watts, 1997

Ⓗ Argraffiad Cymraeg, Gwasg Addysgol Drake, 2002

Ⓗ Yr addasiad Cymraeg Gwasg Addysgol Drake 2002

Argraffwyd yng Nghrydain

Cyhoeddwyd gyda chefnogaeth Cyd-bwyllgor Addysg Cymru ac Awdurdod Cymwysterau, Cwricwlwm ac Asesu Cymru.

Cyhoeddwyd gan Wasg Addysgol Drake

Ffordd Sain Ffagan, Y Tyllgoed, Caerdydd CF5 3AE

Ffôn: 029 2056 0333 Ffacs: 029 2055 4909

e-bost: drakegroup@btinternet.com

y we: www.drakegroup.co.uk

ISBN 0 -86174 522 1

Mynegai